THE PRINCE AND THE PAUPER

왕자와 거지

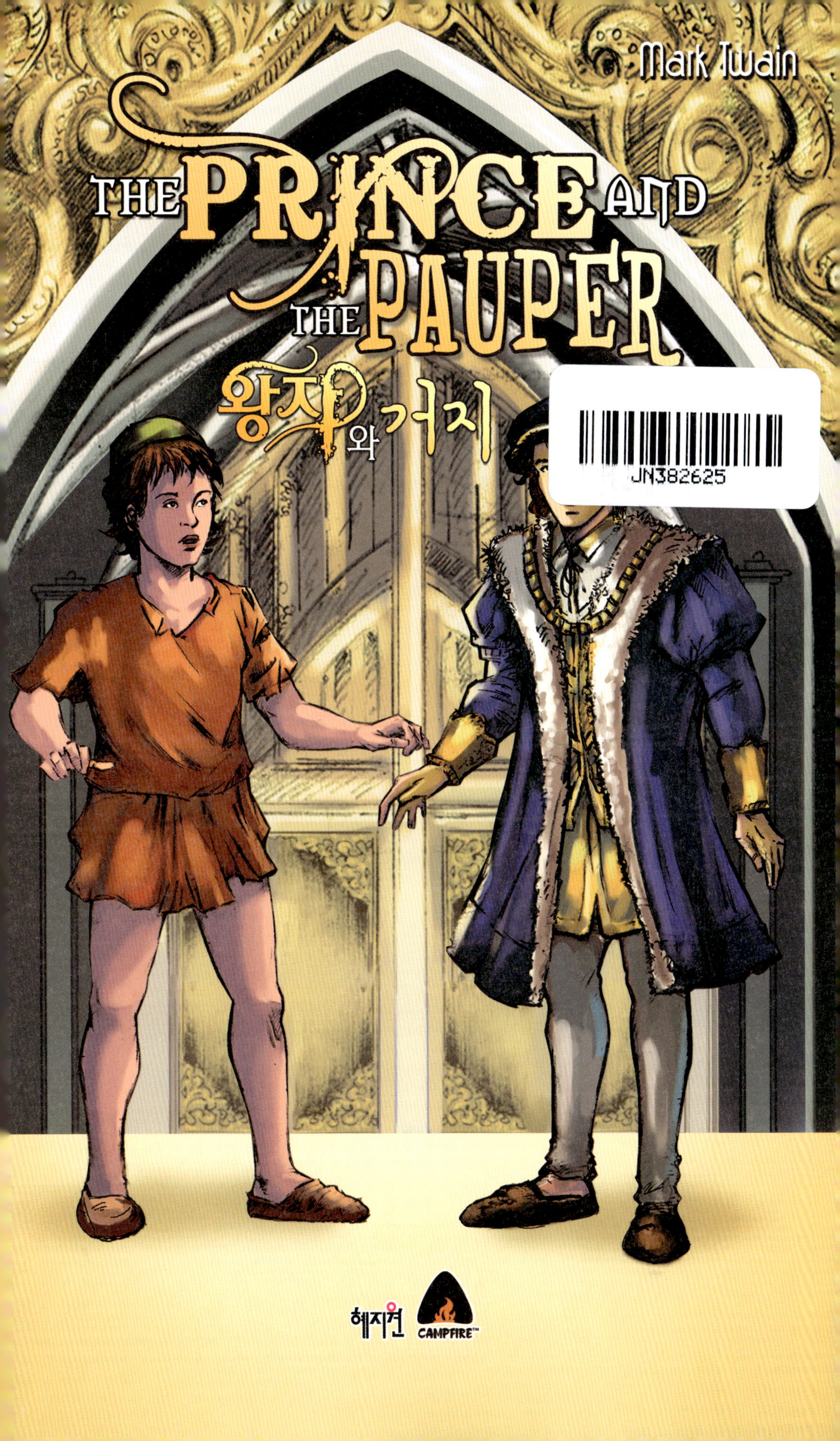

Mark Twain

Wordsmith	:	Corey Finkle
Illustrator	:	Manish Singh
Illustrations Editor	:	Jayshree Das
Colourist	:	Manoj Yadav
Art Director	:	Kamal Sarkar
Letterers	:	Laxmi Chand Gupta
		Vishal Sharma
Editors	:	Eman Chowdhary
		Divya Dubey
Research Editor	:	Pushpanjali Borooah

Cover Artists:

Illustrator	:	Manish Singh
Colourist	:	Prince Verghese
Designer	:	Pushpa Verma

Copyright © 2010 Kalyani Navyug Media Pvt Ltd

All rights reserved. Published by Campfire, an imprint of Kalyani Navyug Media Pvt Ltd.
Korean Translation Copyright © 2012 by Hyejiwon Publishing

No part of this publication may be reproduced, stored in a retrieval system, or transmitted in any form or by any means, electronic, mechanical, photocopying, recording, or otherwise, without written permission from the publisher.

About The Author

Samuel Langhorne Clemens, known to most as Mark Twain, has been hailed by many as the father of American Literature. His most famous works, *The Adventures of Tom Sawyer* (1876) and *The Adventures of Huckleberry Finn* (1884), are considered two of the greatest American novels of all time.

Twain was born in Florida, Missouri on 30th November 1835. He grew up in the town of Hannibal on the Mississippi River, which would eventually serve as the basis for the place where Tom Sawyer and Huckleberry Finn would live.

Twain tried turning his hand to many different professions throughout his life, but continued writing all the while. His first job was as a printer's apprentice and, during this time, he met a famous steamboat captain who convinced him to become a pilot. After two years of training, he acquired his licence and began traversing the mighty Mississippi as the pilot of a steamboat. It was a dangerous and lucrative form of employment.

Twain grew up in Missouri at a time when it was a slave state. After the American Civil War broke out, he became a strong supporter of emancipation, and staunchly believed that the slave trade should be abolished.

Though he began as a comic writer, the tribulations he faced in his personal life perhaps served to turn him into a serious, even pessimistic, writer in his later years. He lost his wife and two daughters, and his ill-fated life never really allowed him to recover. Twain passed away in 1910, but he is still one of the best-loved writers around the world.

16TH CENTURY: THE AGE OF EXPLORATIONS AND DISCOVERIES

The Prince and the Pauper is set in 1547. It was a time of great change in the world; the very beginning of the modern era of science and exploration.

INVENTIONS

THERMOMETER

Galileo Galilei, the great Italian astronomer and mathematician, is said to have invented the thermometer in 1593. The Galilean thermometer was quite a colourful instrument compared to the ones we use today. It had a sealed glass tube containing water, and there were several coloured glass bubbles that floated at various levels inside. Usually a few floated at the top and a few towards the bottom. The bubble at the top sinking a little, or the bubble at the bottom starting to float, or the average of the two, indicated the temperature.

> Ambroise Pare, an uneducated barber, became the greatest surgeon in the 16th century. Often called the father of modern surgery, he invented many artificial limbs, and even artificial eyes made of gold and silver!

THE POCKET WATCH

Today, it is difficult to even imagine that a watch can resemble an egg. But that is exactly what the first watch looked like! Peter Henlein, a locksmith and watchmaker from Nürnberg, Germany, is usually credited with the invention of the first portable time piece, in around 1500. He named it the Nürnberg egg, which was a forerunner of today's pocket watch. Nürnberg eggs were oval in shape and much bigger than today's pocket watches. They measured around 12cm in diameter with a depth of 7cm. These eggs only had an hour hand, as the minute hand was not introduced until around 1660.

DID YOU KNOW?

John Harington, the British courtier and author, invented the flushing lavatory in 1594. He called it the Ajax, and even had one installed for Queen Elizabeth in her palace in Richmond, Surrey!

EXPLORERS

FERDINAND MAGELLAN

Ferdinand Magellan was a famous Portuguese explorer. He led the first successful attempt to sail around the world in 1519. Though he was killed in the Philippines before the voyage was completed, his fleet continued the journey. After three long years, in which many of the ships were lost and the crewmen killed, Juan Sebastian de Elcano and eighteen survivors reached Spain in 1522. They became the first men to circle the entire world.

- Magellan Straits – The long channel linking the Atlantic and Pacific oceans discovered by Magellan during this voyage.
- Magellanic Clouds – The two dwarf galaxies in the Milky Way, first seen by Magellan's crew.

The *Victoria* was the only vessel that returned to Spain from the fleet of five ships that had embarked on Magellan's voyage. It was a carrack – the first well-equipped ocean-going ship. Also called naus, carracks were large ships which provided stability on high seas, and were spacious enough to carry provisions for long voyages.

SIR FRANCIS DRAKE

Sir Francis Drake was the most celebrated seaman of Elizabethan England. He was famous as the vice admiral of the English fleet that defeated the Spanish Armada. He was also the first Englishman to sail around the world. He embarked on his voyage around the world in 1577. He was successful in circling the world and, upon his return home in 1580, he was knighted by Queen Elizabeth I aboard his ship, the *Golden Hind*.

- Though considered a hero by the English, he was regarded as a merciless pirate by the Spanish! They called him 'El Draque', or 'The Dragon'. Drake attacked Spanish cargo ships and settlements, and gathered great wealth from his exploits.

DID YOU KNOW?
During this period, European explorers brought back new foods from the recently discovered continents – the Americas. Tomatoes, potatoes and peppers were unknown in Europe before the 16th century! The tomato, in fact, was grown as a decorative plant and was thought to be poisonous!

Hyejiwon English-Korean Graphic Novels Series

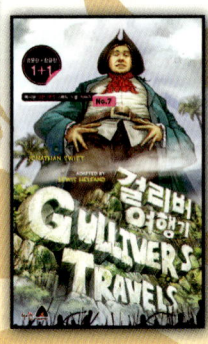

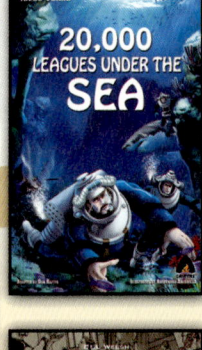

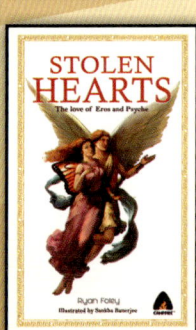

혜지원 영한 대역 그래픽 노블 시리즈는
여러분께 영어 학습 효과는 물론 재미와 감동까지 선사합니다.

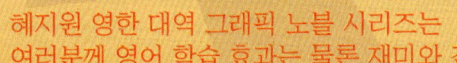

그래픽 노블 시리즈
지킬 박사와 하이드 정가 : 12,000원

그래픽 노블 시리즈
베니스의 상인 정가 : 12,000원

그래픽 노블 시리즈
타임머신 정가 : 12,000원

그래픽 노블 시리즈
오즈의 마법사 정가 : 12,000원

혜지원 Graphic Novel Series

그래픽 노블 시리즈
황야의 부름   정가 : 12,000원

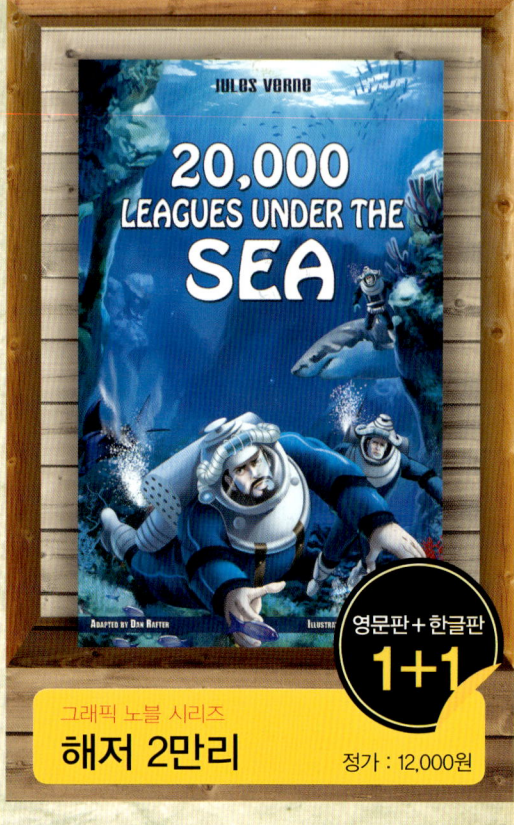

그래픽 노블 시리즈
해저 2만리   정가 : 12,000원

그래픽 노블 시리즈
왕자와 거지   정가 : 12,000원

그래픽 노블 시리즈
크리스마스 캐럴   정가 : 12,000원

마크 트웨인 원저

영문판+한글판
1+1

혜지원 영한 대역 그래픽 노블 시리즈
No.10

코리 핑클 각색

마크 트웨인 원저

왕자와 거지

초판 인쇄일 | 2012년 4월 20일
초판 발행일 | 2012년 4월 27일
지은이 | Mark Twain
번역자 | 한미전
발행인 | 박정모
발행처 | 도서출판 혜지원
주소 | 서울시 동대문구 장안1동 420-3호
전화 | 02)2212-1227
팩스 | 02)2247-1227
홈페이지 | http://www.hyejiwon.co.kr

편집진행 | 김형진, 이희경
전산편집 | 이희경
표지디자인 | 안홍준
영업마케팅 | 김남권, 황대일, 서지영
ISBN 978-89-8379-720-9
          978-89-8379-710-0 (세트)
정가 | 12,000원

Copyright © 2010 Kalyani Navyug Media Pvt Ltd
Published by Campfire, an imprint of Kalyani Navyug Media Pvt Ltd.
Korean Translation Copyright © 2012 by Hyejiwon Publishing
All rights reserved.
Including the rights of reproduction in whole or in part in any form.

이 책은 한국판 저작권을 Campfire와 혜지원이 독점 계약하여 펴내는 책으로
저작권법에 의해 보호를 받는 저작물이므로 어떠한 형태의 무단 전재나 복제를 금합니다.

● 잘못 만들어진 책은 구입한 서점에서 교환해 드립니다.

작가에 대하여

마크 트웨인이라는 이름으로 더 많이 알려져 있는 사무엘 랭혼 클레멘스는 미국문학의 아버지로 불리고 있습니다. 그의 대표적인 두 작품 『톰 소여의 모험』(1876)과 『허클베리 핀의 모험』(1884)은 미국소설 역사상 최고의 작품으로 손꼽힙니다.

마크 트웨인은 1835년 11월 30일 미국 미주리 주의 플로리다에서 태어났습니다. 그는 미시시피 강에 인접한 한니발에서 성장했기 때문에 그곳이 자연스럽게 톰 소여와 허클베리 핀이 살았던 장소가 되었습니다.

트웨인은 일생 동안 여러 종류의 전문직에 도전하면서도 글쓰기는 멈추지 않았습니다. 그의 첫 번째 직업은 인쇄소의 숙련공이었습니다. 그 일을 하던 중에 유명한 증기선 선장을 만나 항해사가 될 것을 권유 받았죠. 2년 동안 훈련을 받은 트웨인은 자격증을 취득하고 증기선의 항해사가 되어 장엄한 미시시피 강을 횡단하기 시작했습니다. 위험하기는 했지만 수입이 좋은 직장이었죠.

트웨인은 노예제도가 존재하던 미주리 주에서 성장했습니다. 남북전쟁이 발발하자 그는 강하게 노예해방을 주장했고, 노예거래가 폐지되어야 한다고 굳게 믿었습니다.

애초에 트웨인은 희극 작가로 등단했지만, 평생 그가 마주하며 살았던 시련 때문인지 말년의 트웨인은 진지하고, 심지어 비관적인 작가로 변했습니다. 그가 아내와 두 딸을 잃고 나서도 불행한 삶은 끝까지 그를 놓아주지 않았습니다. 그는 1910년에 세상을 떠났지만, 지금까지 세상에서 가장 사랑받는 작가 중 한 사람이 되었습니다.

톰은 자신이 어디로 가고 있는지, 주위에서 무슨 일이 일어나고 있는지, 거의 알지 못한 채 도시 여기저기를 돌아다녔다.

그는 구걸하기 위해 집을 나서긴 했지만, 그의 생각은 지난밤 꿈속의 영광으로 가득했다.

그는 곧 템플 바에 다다랐다. 집에서부터 그 방향으로 그렇게 멀리 와보기는 처음이었다. 그는 걸음을 멈추고 잠시 생각하더니, 이내 다시 몽상에 빠져…

…런던 성곽의 바깥쪽을 지나갔다.

맙소사. 내가 너무 멀리 왔어. 다시 구걸하는 게 좋겠다. 그런데…

여기가 어디지?

얼마 안 가 톰은 주위에 영국 왕족의 상징과 표지판들이 있다는 사실을 알게 되었다.

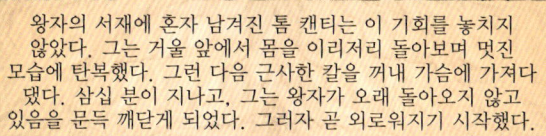

톰이 공포에 질려 넋을 잃고 앉아 있는 동안, 놀라운 소문이 왕궁에 퍼지고 있었다.

왕자님이 미치셨어! 마치 귀신에 홀린 듯이 말씀하셨어!

말이 퍼지지 않게 아무한테도 말씀하지 마십시오.

왕자님이 미치셨대!

왕자님이 미치셨대!

왕자님이 미치셨대!

왕자님이 미치셨대!

얼마 후, 톰은 헨리 8세가 있는 왕실 안의 웅장한 방으로 안내되었다.

당신이 왕? 아, 안 돼! 폐하, 제발 저를 죽이지 말아주십시오!

폐하, 송구하오나 왕자님의 상태에 대한 소문이 런던 전체에 퍼졌다 하옵니다.

그렇다면 내가 걱정했던 것보다 심각하구나. 이리 오너라, 아들아.

이런! 내 그것이 거짓 소문이라 믿고 있었거늘, 그렇지 않다니 걱정이로구나. 아버지한테 오너라, 아들아, 몸이 좋지 않구나.

한편, 존 캔티는 진짜 왕자를 끌고 오펄 코트로 가고 있었다.

놔라, 이 무식쟁이야! 어찌 감히 왕자한테 손을 댄단 말이냐?

맞고 싶지 않으면 미친 소리 작작해, 녀석아!

톰! 네가 돌아오다니 기쁘구나!

주머니에 실링 하나 없이 돌아와서는 미친 소리만 짖어대다니!

무슨 말이냐?

난 미치지 않았다. 여인은 내 말 잘 들을거라. 나는 영국의 왕자 에드워드 튜더다!

호된 벌로 고칠 수 없는 건 없어.

자기가 왕자라고 믿는 건가요? 미쳤군요! 오, 톰!

아버지, 톰을 좀 재우세요. 자고 일어나면 미친 증세가 나을 거예요.

여기가 네 침대다, 왕자님아.

가서 자, 톰. 네놈한테서 한 마디라도 더 들리면 걸을 수 없을 때까지 매질을 할 테다.

나를 함부로 대하지 마라! 다시 말하지만 난 왕의 아들이다.

한편...

"녀석은 구걸하지 않을 거야. 도둑질도 안 할 거고. 지금 나한텐 아무 쓸모가 없어."

"녀석에게 구걸을 시키려고 별짓을 다했네만 실패했네. 어찌나 완강하게 버티는지. 게다가, 도망치려고만 한단 말이야. 녀석을 어찌하면 좋겠는가?"

"자네 마음대로 하게. 녀석이 다른 사람들한테 우리 얘기를 못하게만 하라고. 헛간에서 다시 보세."

"죽여버리기 전에 교육을 좀 시켜야겠다."

에드워드가 눈치 채기도 전에...

...그는 도둑으로 몰렸다.

"도둑이다!"

55

혜지원 영한 대역 그래픽 노블 시리즈를 펴내며...

혜지원의 영한 대역 그래픽 노블 시리즈는 오랜 기간 전 세계인들에게 사랑 받아 온 고전과 위인들에 관한 이야기를 만화로 엮었습니다. 긴 시간 많은 사람에게 읽히고 그 가치를 인정 받아 온 고전에는 재미와 빛나는 철학이 담겨 있습니다. 또한 우리는 전기를 통해 저명한 인물의 삶과 시대를 탐험해 볼 수 있습니다.

이러한 고전과 위인전을 영어와 한글 두 가지 버전으로 모두 담아 그 내용을 더욱 깊이 이해하는 한편, 영어 실력 향상도 기대할 수 있도록 했습니다. 각각의 버전을 비교해서 읽으며 영어와 한글의 차이를 느껴 보는 것도 신선한 경험이 될 것이며, 재미있게 영어를 공부하는 기회도 될 것입니다.

상상력을 자극하는 이야기들을 섬세한 그림체로 구현해낸 혜지원의 그래픽 노블 시리즈를 통해 이야기에 더욱 몰입할 수 있습니다. 어렵고 긴 내용을 읽기 편한 길이와 만화로 담아 가독성을 높였으며, 원문을 최대한 살리되 이야기를 효과적으로 전달하기 위해 노력했습니다.

혜지원의 영한 대역 그래픽 노블 시리즈를 통해 이야기가 주는 매력에 푹 빠져 보세요. 상상력의 지평이 더욱 넓어지는 놀라운 경험을 하게 될 것입니다.

16세기 : 탐험과 발견의 시대

「왕자와 거지」는 1547년을 배경으로 하고 있습니다. 당시는 세계적으로 엄청난 변화의 시기였고, 과학과 탐구의 근대기가 막 시작되던 때였습니다.

발명품들

온도계

이탈리아의 위대한 천문학자이면서 수학자인 갈릴레오 갈릴레이가 1593년에 온도계를 발명한 것으로 알려져 있습니다. 갈릴레오 온도계는 오늘날 우리가 사용하는 온도계와 비교했을 때 상당히 다채로운 색을 띤 기구였습니다. 그것은 유리관 모양으로 안에 물을 담아 봉인했습니다. 관 안에는 여러 층으로 떠있는 다채로운 색의 유리 방울들이 여러 개 있었습니다. 대개 제일 위에 조금, 그리고 바닥 쪽으로 조금씩 떠 있었습니다. 위에 있던 공기방울이 조금씩 가라앉거나, 바닥에 있던 공기방울이 뜨기 시작하거나, 혹은 그 둘의 평균이 온도를 나타냈습니다.

> 교육을 받지 못한 이발사 앙브로이세 파레는 16세기에 위대한 외과의가 되었습니다. 근대 외과 의학의 아버지로 불리기도 하는 그는 많은 인공 팔다리를 발명했으며, 금과 은으로 인공눈까지 만들었습니다!

회중시계

오늘날, 시계가 달걀을 닮을 수 있다는 상상을 하기란 쉽지 않습니다. 그러나 최초의 시계는 확실히 달걀 모양을 하고 있습니다! 독일의 뉘른베르크에서 자물쇠수리공과 시계수리공으로 일했던 피터 헨라인이 1500년 경 최초로 휴대용 시계를 발명한 것으로 알려져 있습니다. 그는 그것을 뉘른베르크 달걀이라 불렀으며, 그것은 오늘날 회중시계의 전신이었습니다. 뉘른베르크 달걀은 타원형 모양으로 지금의 회중시계보다 훨씬 컸습니다. 직경이 약 12센티미터에 깊이가 7센티미터나 되었습니다. 이 달걀들에는 오직 시침만 있었습니다. 분침은 1660년경까지 존재하지 않았습니다.

이거 알아요?

영국의 궁정 신하이면서 작가였던 존 헤링턴은 1594년에 수세식 변기를 발명했습니다. 그는 그것을 에이젝스라 불렀고, 서리 주에 있는 엘리자베스 여왕의 리치몬드 궁전에 하나를 설치하기도 했습니다!

탐험가들

페르디난드 마젤란

페르디난드 마젤란은 유명한 포르투갈 탐험가였습니다. 그는 1519년 최초로 배를 타고 세계여행에 도전해 성공했습니다. 비록 항해가 끝나기 전, 필리핀에서 사망했지만 그의 배들은 계속 탐험을 이어갔습니다. 많은 배를 잃고, 선원들이 죽어가면서 길고 긴 3년을 보낸 후에, 후안 세바스티안 데 엘카노와 18명의 생존자들이 1522년 스페인에 도착했습니다. 그들은 전 세계를 돌았던 최초의 인류가 되었습니다.

✦ 마젤란 해협 – 마젤란이 항해 중에 대서양과 태평양을 잇는 긴 수로를 발견했습니다.

✦ 마젤란 운 – 마젤란의 선원에 의해 최초로 목격된, 은하수에 있는 두 개의 난쟁이 은하계.

마젤란의 항해에 출항했던 다섯 척의 함대 가운데 유일하게 스페인으로 되돌아온 배가 바로 빅토리아 호였습니다. 그 배는 무장 상선으로 우수한 장비를 갖춘 최초의 원양항해용 선박이었습니다. 나우스라고도 불리던 무장 상선들은 공해에서 안전성을 제공하던 대형 선박들이었으며, 장거리 항해를 위한 식량을 운반하기에도 공간이 충분히 넓었습니다.

프랜시스 드레이크 경

프랜시스 드레이크 경은 영국의 엘리자베스 1세 시대의 가장 유명한 바닷사람이었습니다. 그는 스페인 함대를 물리친 영국 군함의 부제독으로 가장 잘 알려져 있었습니다. 세계 일주를 한 최초의 영국인이기도 했습니다. 그는 1577년에 세계 일주 항해에 나섰습니다. 성공적으로 세계여행을 마치고 1580년에 고국으로 돌아온 그는 '골든 하인드'라는 그의 배에서 엘리자베스 여왕 1세로부터 작위를 수여받았습니다.

✦ 영국은 그를 영웅으로 간주하지만, 스페인 사람들은 그를 무자비한 해적으로 치부했습니다! 스페인 사람들은 그를 '악마'(El Draque), 혹은 '용'(The Dragon)으로 불렀습니다. 드레이크는 스페인 화물선과 정착지들을 공격해 착취한 것으로 엄청난 부를 거뒀습니다.

이거 알아요?

이 시기에, 유럽 탐험가들은 최근에 발견된 미국 대륙에서 새로운 음식들을 가지고 돌아왔습니다. 토마토, 감자, 고추는 16세기 전에는 유럽에 알려져 있지 않았습니다. 토마토는 장식용 식물로 키워졌으며 독성이 있는 것으로 여겨졌었습니다.

Hyejiwon English-Korean Graphic Novels Series

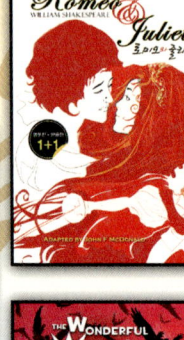

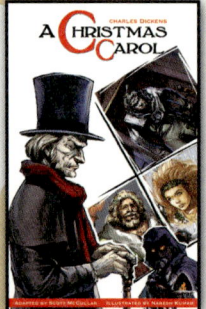

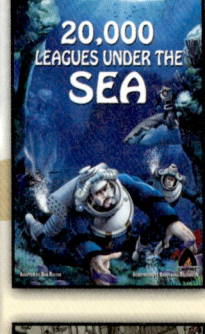

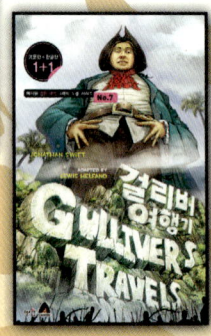
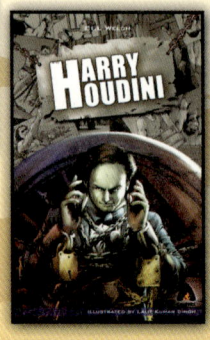
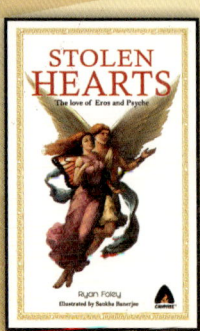

혜지원 영한 대역 그래픽 노블 시리즈는
여러분께 영어 학습 효과는 물론 재미와 감동까지 선사합니다.

왕족과 거리 부랑아의 우연한 만남이 이 흥미로운 소설의 기본 줄기가 되어 여러 가지 사건의 원인이 된다.

거지인 톰과 왕자인 에드워드는 생일이 같을 뿐만 아니라 생김새도 똑같다는 사실을 알게 된다. 철이 덜 든 두 소년은 재미 삼아 옷을 바꿔 입기로 한다. 그러나 그들은 이 행동이 두 사람을 곤경에 빠뜨리게 될 줄 전혀 알지 못했다.

뜻하지 않게 각자의 위치가 바뀌어 버린 두 소년. 톰은 왕자가 되고, 에드워드는 거지가 된다. 자신들의 진짜 신분을 아무리 설명하려 해도 믿어주는 사람이 없다. 그래서 그들은 매우 흥미로운 사건이 터지는 새로운 삶을 살게 된다.

마크 트웨인이 쓴 만인이 사랑하는 이 소설은 16세기 사회와 그 당시에 존재했던 불평등을 익살스러운 시각으로 바라보고 있다. 어쩌면 오늘날의 모습을 보는 것 같은 씁쓸한 착각이 들기도 한다.

정가 : 12,000원

ISBN 978-89-8379-720-9
(세트)ISBN 978-89-8379-710-0

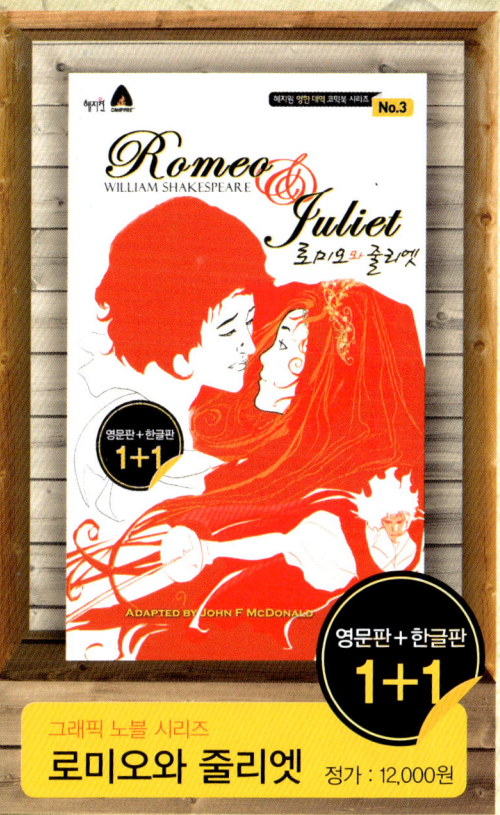

그래픽 노블 시리즈
로미오와 줄리엣   정가 : 12,000원

그래픽 노블 시리즈
모비딕   정가 : 12,000원

그래픽 노블 시리즈
보물섬   정가 : 12,000원

그래픽 노블 시리즈
톰소여의 모험   정가 : 12,000원

그래픽 노블 시리즈
우주전쟁　　정가 : 12,000원
영문판+한글판 **1+1**

그래픽 노블 시리즈
걸리버 여행기　　정가 : 12,000원
영문판+한글판 **1+1**

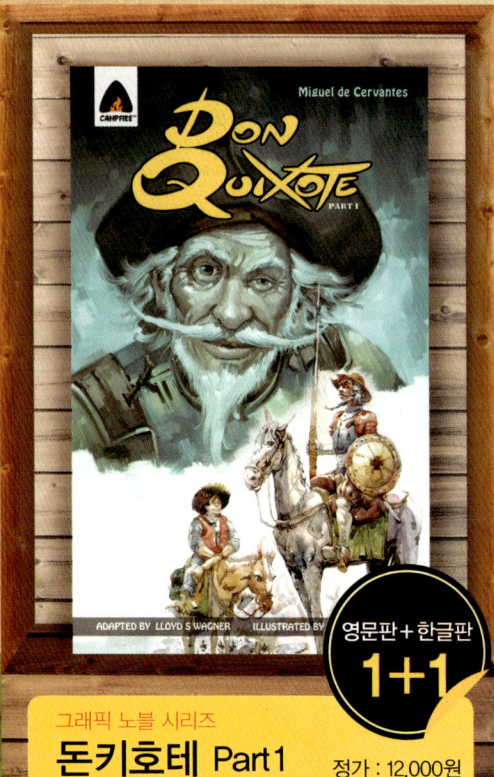

그래픽 노블 시리즈
돈키호테 Part1　　정가 : 12,000원
영문판+한글판 **1+1**

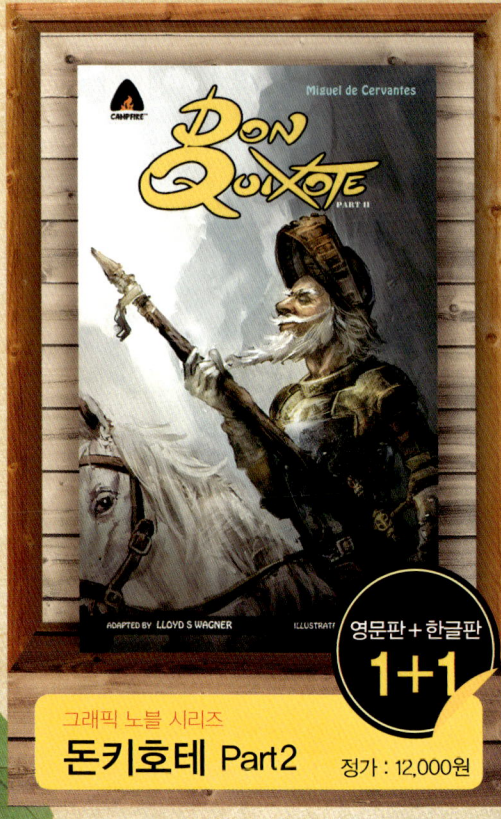

그래픽 노블 시리즈
돈키호테 Part2　　정가 : 12,000원
영문판+한글판 **1+1**